BEI GRIN MACHT ͘
WISSEN BEZAHLT

- Wir veröffentlichen Ihre Hausarbeit,
  Bachelor- und Masterarbeit

- Ihr eigenes eBook und Buch -
  weltweit in allen wichtigen Shops

- Verdienen Sie an jedem Verkauf

Jetzt bei www.GRIN.com hochladen
und kostenlos publizieren

Bibliografische Information der Deutschen Nationalbibliothek:

Die Deutsche Bibliothek verzeichnet diese Publikation in der Deutschen National-
bibliografie; detaillierte bibliografische Daten sind im Internet über http://dnb.d-
nb.de/ abrufbar.

Dieses Werk sowie alle darin enthaltenen einzelnen Beiträge und Abbildungen
sind urheberrechtlich geschützt. Jede Verwertung, die nicht ausdrücklich vom
Urheberrechtsschutz zugelassen ist, bedarf der vorherigen Zustimmung des Verla-
ges. Das gilt insbesondere für Vervielfältigungen, Bearbeitungen, Übersetzungen,
Mikroverfilmungen, Auswertungen durch Datenbanken und für die Einspeicherung
und Verarbeitung in elektronische Systeme. Alle Rechte, auch die des auszugsweisen
Nachdrucks, der fotomechanischen Wiedergabe (einschließlich Mikrokopie) sowie
der Auswertung durch Datenbanken oder ähnliche Einrichtungen, vorbehalten.

Impressum:

Copyright © 2019 GRIN Verlag
Druck und Bindung: Books on Demand GmbH, Norderstedt Germany
ISBN: 9783346169983

Dieses Buch bei GRIN:

https://www.grin.com/document/594534

Robert Ruschlau

Wieso fürchten wir uns vor dem Unnormalen? Der Umgang mit Monstern in den Kurzgeschichten Javier Tomeos

GRIN Verlag

GRIN - Your knowledge has value

Der GRIN Verlag publiziert seit 1998 wissenschaftliche Arbeiten von Studenten, Hochschullehrern und anderen Akademikern als eBook und gedrucktes Buch. Die Verlagswebsite www.grin.com ist die ideale Plattform zur Veröffentlichung von Hausarbeiten, Abschlussarbeiten, wissenschaftlichen Aufsätzen, Dissertationen und Fachbüchern.

Besuchen Sie uns im Internet:

http://www.grin.com/

http://www.facebook.com/grincom

http://www.twitter.com/grin_com

Kurzsichtige Monster

Wieso fürchten wir uns vor dem Unnormalen?

Inhaltsverzeichnis

In dieser Arbeit soll nicht geklärt werden, wer oder was als normal gelten *soll*, sondern vielmehr was als solches *gilt* und welche Auswirkung dies auf unsere Wahrnehmung dieser Personen hat. Denn es scheint relevanter zu betrachten, wie Normen zustande kommen, welche Gemeinsamkeiten alle „Normalen" haben, von welchen Faktoren die Klassifizierung abhängt und zu guter Letzt inwiefern man behaupten kann, wir würden Abnormales negativ aufnehmen, uns davor fürchten und es womöglich als Monster bezeichnen. Dazu werde ich die Monster in Tomeos Kurzgeschichten hinzuziehen, analysieren welche Andersartigkeit sie zu Außenseitern macht und wie mit ihnen umgegangen wird. Dazu erscheint mir vor Allem die Kurzgeschichte „El mayordomo miope" zweckmäßig, da oft überspitzt, aber scharfe Einteilungen der Beteiligten in normale Menschen und mindere Kreaturen getroffen werden, aber auch seine Geschichte „El miope y el bisco" und „Amado Monstruo" sollen dabei helfen. Was verbindet Monster generell und insbesondere bei Tomeo? Was macht sie gleichermaßen zu Außenseitern? Was ist ein Solcher und wie wird mit ihnen umgegangen?

Normalität und Abweichung

Zuerst sollte geklärt werden was es bedeutet unnormal zu sein, da dies scheinbar eines der intrinsischen Merkmale von Monstern ist. Dabei gilt es zu untersuchen ob Normen eine feste Größe, eine unveränderliche Konstante oder abhängig von anderen äußeren Faktoren sind. Erst einmal sind wir oft sehr schnell dazu in der Lage zu erkennen, ob sich etwas von etwas anderem unterscheidet. So gehört die „vermeintlich eindeutige Unterscheidung zwischen Normalität und Abweichung […] zum Repertoire des sogenannten ‚gesunden Menschenverstands'"[1] Ob ein Farbklecks eine andere Farbe hat als ein anderer, ein Haus größer ist als das danebzen. Die Welt in Kategorien zu unterteilen und zu ordnen hilft uns sie zu verstehen, daher wäre es unsinnig zu verlangen Unterschiede nicht wahrnehmen zu wollen. Doch um diese Art der Unterschiede geht es hier nicht. Vielmehr steht die wertende und urteilende Unterscheidung im Vordergrund, die dazu dienen kann Menschen zu vereinen oder auch voneinander abzugrenzen. Zwar sehen wir welchen Nachnamen eine Person hat oder wie viele Cousinen, lassen unser Bild über die Person allerdings nicht nachhaltig davon prägen. Bei anderen Unterschieden wie der Farbe der Haut, der Anzahl von Gliedmaßen oder auch der Sehfähigkeit kann dies mitunter anders aussehen. Woran liegt das? Welche Abweichungen von der Norm scheinen uns relevant und wie wird diese Norm bestimmt? Zunächst kann festgehalten werden, dass es verschiedene Arten von Normen gibt, von technischen, sozialen,

---

1   Stehr 2013:191

medizinischen über funktionalen, idealen bis hin zu ästhetischen.[2] Dabei spielen vorherrschende Verhältnisse in einem Kulturkreis, einer Epoche oder einer geographisch zusammengehörigen Gruppe oft eine große Rolle, um festzulegen welche Abweichungen akzeptabel sind. So besagt Beckers Etikettierungstheorie, „dass die Trennungen zwischen Normalität und Abweichung soziale Konstruktionen darstellen".[3] Und auch Link sagt über Normalität, dass sie nicht fest, sondern ständiger Veränderung unterworfen und sozial konstruiert ist.[4] Dazu kommt die Menge an Abweichlern, die innerhalb dieser Gruppe existieren. Denn zunächst einmal hat ein jeder Mensch ein Gefühl dafür, was die gegebene Norm ist, wenn er sich in seiner Umgebung umschaut oder wenn er sich intuitiv durch Ansichten leiten lässt, die ihm durch seine Erziehung vermittelt wurden. Dies lässt sich gut mit der Gaußschen Normalverteilungskurve darstellen, auch wenn die Mathematik selber keine Grenze für Normalität zieht.[5] Hat eine Person das Gefühl, dass 95% der Leute um sie herum eine gewisse Eigenschaft besitzen, z. B. heterosexuell zu sein, dann ist sie intuitiv eher geneigt die übrigen 5% als andersartig zu bezeichnen. Würde die Person denken, dass 20% der Gemeinschaft ihres Dorfes homosexuell seien, wäre sie abgeneigter diese Unterscheidung als allzu relevant zu betrachten, es sei denn tief verwurzelte Vorurteile bringen sie dazu ganze Bevölkerungsgruppen abzustempeln und ggf. zu diskriminieren. Je länger eine Person in der jeweiligen Gesellschaft lebt, desto mehr gewöhnt sie sich an Gegebenheiten und ist imstande Abweichungen davon als solche zu erkennen und betrachtet sie möglicherweise als ein Eindringen in ihre Gewohnheiten. So ist es von Land zu Land verschieden, welche Essgewohnheiten man pflegen sollte, wie bspw. mit Frauen umgegangen wird, woraus Freizeitaktivitäten bestehen und generell welche Sprache gesprochen wird. Was in einem Land als normal betrachtet wird, kann 100 Kilometer weiter oft schon ein schwerer Regelverstoß gegen alte Traditionen oder unterbewusste Gepflogenheiten gewertet werden. „Aquí, a orillas del antiguo mar (a cientos kilómetros de la áspera altiplanicie), encontré ya personas civilisadas que pudieron resistir mi mirada sin estallar en carcajadas"[6], erzählt der

---

2 Vgl. Zirfas 2014:680

3 Stehr 2013:192

4 Vgl. Link 1940:39

5 Vgl. Link 1940:350

6 Tomeo (El miope y el bisco) 1990:10

Schielende in Tomeos Kurzgeschichte über seine Erfahrungen, wie mit seiner Behinderung umgegangen wurde. Problematisch kann dies vor Allem werden, wenn sich eine Gruppe nach eigenen Maßstäben normal verhält, allerdings innerhalb eines Territoriums lebt in dem andere Regeln und Werte gelten. Dazu lässt sich bspw. eine muslimische Familie in einem christlichen Land oder auch ein italienischer Einwanderer in den USA erwähnen.[7] Normales ist also unser Erwartungshorizont eines intersubjektiven Netzes von Erfahrungen, Regeln, Traditionen und Sinnhaftigkeit bestimmter Dinge. Normalität und ihr Pendant sind also keine Eigenschaften, die die jeweilige Person in sich trägt, sondern solche, die ihr von außen zugeschrieben werden. Wurden Personen mit Sehproblemen in vielen Ländern für lange Zeit von vielen gesellschaftlichen Aktivitäten ausgeschlossen, sind sie heute durch einfache Maßnahmen wie bspw. Brillen durchaus in der Lage ein „normales" Leben zu führen. Erscheint uns dies heute als selbstverständlich, könnte dieselbe Behinderung zu einer anderen Zeit (oder einem anderen Ort) das Aus für den Beruf bedeuten. Und würde auch jeder von uns ein dreibeiniges, vieräugiges, grünes Etwas als Monster bezeichnen, fände die Gemeinschaft der dreibeinigen, vieräugigen grünen Etwasse bestimmt ein anderes Wort für es. Die Frage ist nicht, warum wir uns vor Monstern fürchten, da sich dies analytisch aus dem Monsterbegriff ableiten lässt, der zum einen besagt, dass sie abnormal sind und ihnen zum anderen ein oft furchterregendes Wesen zuspricht. Die Frage ist, warum und vor welchen Abnormalitäten wir uns fürchten, die dann den Namen Monster bekommen. Denn nicht alles Unnormale fällt in die Kategorie der Monster: Usain Bolt wird als schnellster Mensch gefeiert, die Tatsache, dass You Jianxia die wahrscheinlich längsten Wimpern der Welt hat, ist uns schlicht egal und Jack the Ripper als Serienmörder wird gefürchtet, während es uns aber nicht seltsam vorkommt, dass es auch süße Monster gibt. Monster im klassischen Sinne nehmen also nur eine kleine Sparte unter den abnormalen Lebewesen ein, was jedoch die Frage offen lässt, welche darunter uns manchmal bedrohlich vorkommen, welche jedoch nicht. Oft sind es die Außenseiter, die sich von anderen „Unnormalen" dadurch unterscheiden, dass sie sich den Regeln der Gesellschaft nicht unterordnen können oder wollen und deshalb von den übrigen Menschen isoliert werden und wiederum oft die anderen als andersartig bezeichnen.[8] Es können sich also zwei sich gegenüberstehende Gruppen gegenseitig als Monster bezeichnen und auch wenn objektiv beide Unrecht haben, ergibt es in den jeweiligen Systemen Sinn. Das,

---

7 Vgl. Becker 1981:14

8 Stehr 2013:194

was wir als normale, geordnete Verhältnisse bezeichnen, sind in Wirklichkeit prekäre menschliche Konstruktionen[9]. Denn es handelt sich um einen naturalistischen Fehlschluss, die gegebene Situation als die Norm für die Zukunft festlegen zu wollen. Während ein Abweichler auf die eine Person bedrohlich wirkt, kann sie einer anderen auch reizvoll erscheinen. Zum einen auf andere Abweichler, die sich dadurch wieder als Teil einer Gemeinschaft fühlen, aber auch auf Menschen, die durch den konstruierten „Monstervorhang" blicken und die als Monster bezeichneten Wesen mit anderen Augen sehen. So auch der Hausverwalter in Tomeos Kurzgeschichte: „luego con una mirada nostálgica la línea de fuego de la empalizada —iluminada todas las noches por una serie de reflectores rojos— y tuve la impresión de que por encima del barrio de los cabileños las estrellas eran más numerosas."[10] Jedoch sind Abweichler von der Norm häufig ein Problem für die gesellschaftliche Praxis, die auf Vorhersehbarkeit des Verhaltens und eine verlässliche Gleichförmigkeit baut. Dort lassen sich leicht Parellenen zwischen Außenseitern und Kriminellen ziehen, was der Grund dafür sein könnte, dass wir uns vor allem Ungewohnten, das nicht in unser Weltbild passt zu schützen versuchen. So wird von Außenseitern oft behauptet, ihre Andersartigkeit sei pathologisch, also unter Umständen nicht heilbar, und verbiete es ihnen etwas Sinnvolles zu der jeweiligen Gesellschaft beizutragen. Das kann unter den Spartiaten der Junge sein, der bei seiner Geburt nicht übermäßig kräftig gewirkt hat, in Tomeos Kurzgeschichte der Kurzsichtige, der durch die Möglichkeit sich von den Problemen der Welt abzukapseln die Funktionsweise einer mündigen, engagierten Gesellschaft kompromittiert. Die betroffene Person wird also weniger aufgrund ihrer Andersartigkeit ausgeschlossen, denn genau genommen sind keine zwei Menschen gleich, noch dem Grad der Abweichung, sondern aufgrund ihrer scheinbaren Überflüssigkeit oder sogar ihrer destruktiven Kraft[11]. Durch die Ausgrenzung wird die Person allerdings mit noch höherer Wahrscheinlichkeit ein andersgeartetes Verhalten an den Tag legen und ist somit Teil einer sogenannten „self-fulfilling prophecy".[12] Auch der Superintendete gibt dies zu: „Puede que tenga algo que ver las duras condiciones de vida que tienen que soportar desde hace ya

---

9   Vgl. Becker 1981:XI-XII

10 Tomeo (El mayordomo miope) 1990

11 Gonzáles 2014:232-245

12 Matza 1973:174

muchas generaciones."[13] Wer als gesund und relevant für das Funktionieren der Gesellschaft betrachtet wird, ist also wieder eine äußerere Beurteilung, auf die die betroffene Person kaum Einfluss nehmen kann. Mit anderen Worten „abweichendes Verhalten ist Verhalten, das Menschen so bezeichnen"[14] Aber liegt es allein an der Offenheit der Gesellschaft oder doch an der Natur des monströsen Subjekts, dass sie schief angesehen und ggf. gefürchtet wird? Denn es scheint, als hingen Monster und Kriminelle und Außenseiter eng zusammen, alle werden als unnormal betrachtet, sollen von ihrem Verhalten möglichst abgebracht werden, werden gefürchtet und es scheint vielen plausibel, dass der Kriminelle unabhängig von momentären gesellschaftlichen Konzeptionen kriminell ist. Dies lässt sich bei Tätigkeiten wie dem Alkoholkonsum infrage stellen, welcher zeitweise verboten, heute allerdings in vielen Ländern zur Tradition zählt. Bei anderen Straftaten, wie z. B. Mord oder Vergewaltigung ist dies nicht so einfach, da es uns unumstößlich als abscheuliches Verbrechen erscheint. Die Schwierigkeit entsteht dadurch, dass wir nicht wissen was in der Zukunft als legitim und normal angesehen wird. Durch die Bezeichnung der Andersartigkeit als etwas pathologischem wird auch dem Umstand Rechnung getragen, dass der Monsterbegriff häufig durch eine körperliche Abweichung geprägt wird, also in dem Bereich der Medizin Anwendung findet. Es wurde nun ein wenig Klarheit darüber geschaffen, wie es dazu kommt, dass etwas als unnormal betrachtet wird und wie es in die Kategorie des Abscheulichen, der Monster und Außenseiter passt, des außergewöhnlich Guten oder des Irrelevanten fällt.

Das Monster

Nun sollte sich auch die Definition eines Monsters angeguckt werden und wie sich seine Konzeption mit der Zeit verändert hat. Nicht immer galt die von Gonzáles zitierte Defintion des Diccionario de Autoridades „Parto ù producción contra el orden regular de la naturaleza"[15], als gängige Definition. Monster erscheinen dort essenziell als Gegenstück zu unserer Auffassung „normaler" Wesen. Aber auch Tomeos eigene Definition weicht nicht weit davon ab: „Los monstruos [...] son criaturas cuyo aspecto o comportamiento es contrario a la naturaleza de donde provienen"[16] Allerdings wurden Monster nicht immer so gesehen.

---

13 Tomeo (El mayordomo miope) 1990

14 Becker 1981:8

15 Real Academia Española 1969 zitiert nach Gonzáles 2014:232

16 Gonzáles 2014:233

Betrachtet man vor allem Personen mit gewissen physischen Defekten bzw. körperlichen Normabweichungen, lässt sich über diese sagen, dass sie im 15. - 18. Jhr. In Europa den Status der Wundergeburt hatten, Träger einer göttlichen Botschaft waren.[17] Zu dieser Zeit, zu der die „Vorstellung der Perfektion"[18] eine übergeordnete Rolle spielte, wurde das Monster zum Sinnbild der Unordnung und fungierte dadurch als Warnung. Dies lässt sich an der Etymologie des Begriffs erkennen, der ursprünglich „zeigen" bzw. „mahnen" bedeutete.[19] Dazu zählten sowohl Monster mit physischen Fehlbildungen, als auch fiktive, erschaffene Monster, die einen moralischen Standpunkt verdeutlichen sollten. Heute wiederum sind verschiedene Institutionen für verschiedene Monster zuständig. Fehlbildungen gehören in den Bereich der Medizin, Kriminelle in den der Justiz.[20] Mit dem aufkommenden Verständnis des Menschen verwandelten sich Monster aus göttlichen Boten und Wundergestalten in Fehler der Natur.[21] Denn das Menschliche „hatte ›no sharp or evident frontier and is for its existence in constant need of contrasting border-figures, partly human‹"[22] Weil sich Menschen definieren wollten, musste es Monster bzw. Nicht-menschliches geben. Anders gesagt, zeigen uns Monster worin der Unterschied besteht, ob wir ein normales, natürlichen Wesen vor uns haben oder nicht.[23] Aber Normen, die Lebewesen beurteilen sollen, müssen schwanken, da sich auch die Lebewesen selbst in ständiger Veränderung befinden. Dies war auch die Ansicht der Menschen in der frühen Neuzeit, über welche Henri-Jacques Stiker sagt, dass sie nicht mit der Ausgrenzung abnormer Individuen beschäftigt waren, da es in der Natur ganz normal sei gewisse Fehlbildungen zu haben.[24] Es stellt sich auch bei Tomeos Kurzgeschichten immer wieder die Frage, wann ein Lebewesen aufhört ein Mensch zu sein. Als der kurzsichtige Hausverwalter anmerkt, dass die Menschen auf der anderen Seite des Zauns noch immer

---

17 Gebhard et al. 2009:69

18 Gonzáles 2014:232 (Übersetzung RR)

19 Vgl. Gebhard et al. 2009:72

20 Vgl. Gebhard et al. 2009:71

21 Vgl. Gebhard et al. 2009:74

22 Ffudge et al. 2002:2 zitiert nach Gebhard et al. 2009:71

23 Vgl. Gonzáles 2014:233

24 Vgl. Gebhard et al. 2009:74

Menschen seien, zumindest auf ihre Art, fragt der Aufsichtsbeamte „—¿Y qué modo sería ése? ¿Cree usted que resulta lícito pensar que continuamos siendo hombres cuando tenemos el fémur casi tan largo como el húmero?"[25] Und meist ist die Folge dieser Klassifizierung als Nicht-menschlich die Ausgrenzung der betroffenen Lebewesen, die als Sündenbock benutzt und als niedere Geschöpfe gefürchtet und gehasst werden. „El aislamiento es una situación característica de lo monstruoso"[26]

Müssen Monster gehasst werden und was wollte Tomeo mit seinen Geschichten erreichen?

Hier stellt sich die Frage, ob alle Gesellschaften gleichermaßen Andersartiges ausgrenzen. Denn Tomeo versucht laut González durch seine Kurzgeschichten Menschen dahingehend zu verändern, dass sie Andersartiges zu lieben und zu schätzen lernen.

> el monstruo es para Tomeo una prueba, un ejercicio de amor. El hombre
> debe perfeccionar su amor para que el mundo sea menos soledad,
> incomunicación y egoísmo. Y amar al monstruo, piensa el autor, es un
> buen ejercicio para llegar a amar sin límites."[27]

Und auch das Monster selber soll seine Andersartigkeit akzeptieren, sie nicht verstecken und ihr Positives abgewinnen. So sagt der Schielende über sich selbst, dass er „pasito a paso, fui convenciéndome de que [...] yo era un hombre como los demás e incluso con ciertas ventajas sobre mis semejantes."[28] Ein Anzeichen für den Erfolg Tomeos könnten niedliche Monster sein, vor denen sich nicht gefürchtet wird, sondern sie vielmehr ihren Weg in die Kinos und als Kuscheltiere den Weg ins Kinderzimmer gefunden haben. Auch wenn nicht alles Monströse geliebt werden sollte, ist es doch plausibel nichts auszugrenzen, was keine Schuld an seiner Andersartigkeit trägt. Es scheint, als würden vor allem dann bestimmte Gruppen abgestempelt und ausgeschlossen werden, wenn sich die Gesellschaft, in der sie sich bewegen, nach Identität und Zusammenhang sehnt und die konstruierten Monster benötigt, um sich selber zu definieren. Allerdings gibt es durchaus Gesellschaften, die mit größerer Toleranz als andere auf Unbekannte und von ihnen Verschiedene zugehen. Das kann an einer

---

25 Tomeo (El mayordomo miope) 1990

26 Gonzáles 2014:245

27 Gonzáles 2014:247

28 Tomeo (El miope y el bisco) 1990:11

allgemeinen Kultur der Toleranz liegen oder auch an der fehlenden Notwendigkeit gewisse Unsicherheiten zu kompensieren, da die Mitglieder dieser Gesellschaft insgesamt zufriedener sind. Bei dem Umgang mit Andersartigkeit sollte zunächst zwischen protonormalistischen und flexibel-normalistischen Ansätzen unterschieden werden.[29] Bei Ersterem handelt es sich um die maximale Ausweitung des Bereichs der Unnormalität und eine scharfe Trennung der beiden Bereiche auch über einen längeren Zeitraum. Bei Letzterem um die Ausweitung des Normalitätsbereichs und eine flexible, variable und maximal mittelfristige Grenzziehung.[30] Auch wird von Vertretern des zweiten Ansatzes z. B. von behinderten Personen nicht erwartet, dass diese gewisse Normen einhalten, wenn ihnen dies unmöglich ist. Vertreter des ersten Ansatzes erwarten jedoch eine strikte Einhaltung dieser und setzen dies notfalls von außen und oben mittels Dressur oder Manipulation durch.[31] Es scheint also, als gäbe es unterschiedlich fortgeschrittene Verständnisse von Normalität und dem Umgang mit Abweichlern, allerdings wird bei beiden Ansätzen die Reflektion darüber vermisst, welche Normvorstellungen überhaupt legitim sind. Ist vielleicht der/die Betrachter und Urteilende im Unrecht und nicht der „Unnormale"? Süße Monster könnten dadurch entstanden sein, dass sich der tolerantere flexibel-normalisitsche Ansatz auch auf Monster ausgeweitet hat und durch die neue Grenze eine neue Untergruppe schuf. Wenn die Identität und das Selbstbewusstsein einer Person oder Gruppe aus der Tatsache gezogen werden, dass diese die Eigenschaft X besitzt und ihr dies ein Gefühl der Richtigkeit und Normalität verleiht, dann kann die Begegnung mit einer andersgearteten Person vor Augen führen, dass man all dies nicht ist. So kann eine überaus religiöse Person eine Person anderer Glaubensrichtung als Monster bezeichnen, da schon die Vorstellung, dass die andere Person richtig liegen könnte und man selber sein Leben lang einem Irrtum aufgessen ist, Angst machen kann. Der Superintendente hat dasselbe Problem: „Ellos no pueden ser más felices que nosotros. […] Si lo fuesen, tendríamos que revisar de arriba abajo nuestro código de valores".[32] Bei dem Kampf zwischen eigenen Überzeugungen und der Realität, zieht oft letztere den Kürzeren.

---

29 Vgl. Link 1940:57-58

30 Vgl. Link 1940:356

31 Vgl. Link 1940:54

32 Tomeo (El mayordomo miope) 1990

Für unser Selbstbild sind wir zum Teil abhängig von anderen.[33] Und wenn etwas in unsere heile Welt eindringt, kann das zu Kurzschlussreaktionen führen. Jedoch betrachten wir etwas nicht nur als betrachten, weil es uns noch unbekannt ist. Zwar erscheint uns vieles seltsam und ist uns lediglich fremd, weil wir keine Mühen unternommen haben es zu verstehen. Aber die Einteilung in normal und unnormal beruht nicht allein auf Oberflächlichkeit. Auch eine Person die vollständig und dauernd observiert wird, vielleicht gerade dann, wird unnormales Verhalten an den Tag legen, gerade weil man danach sucht. Und darum geht es, sucht man aktiv nach abweichendem Verhalten und Andersartigkeit wird man sie unweigerlich finden. „En posteriores estudios de la cinta [...] nuestros psicólogos llegaron a la conclusión de que resultaba sospechosa la desesperante lentitud con que aquella mujer movía las agujas."[34] Daran wird deutlich wie die in Tomeos Geschichte observierte Familie durch die eingehende Beobachtung und das Suchen nach Normabweichungen scheinbar seltsames Verhalten an den Tag legt. Und häufig stellt auch das Unbekannte nicht unbedingt automatisch eine Bedrohung dar. Nicht umsonst heißt es, andere Länder, andere Sitten und nicht andere Länder, alles Monster. Denn Normen sind unbegründet und unbegründbar und sobald eine Gesellschaft bzw. eine Person dies realisiert hat, geht sie anders auf die sogenannten Monster zu.[35] Doch auch in einer offeneren Gesellschaft kommt es meist darauf an, ob die Unnormalität irgendwie kompensiert wird, dazu allerdings muss diese Gesellschaft der unnormalen Person die Chance und die Zeit geben ihren Wert für die Gemeinschaft unter Beweis zu stellen. Ob eine unnormale Person schlussendlich zum Monster wird, hängt jedoch gänzlich von den Leuten ab. Die Abweichung ist objektiv, die Monströsität nicht. Der Terminus Monster wird nur dann für Andersartiges verwendet, wenn dahinter eine Intention steckt, eine Form von Machtausübung, die betroffene Person von den anderen zu seperieren und ggf. zu beherrschen. Das lässt sich an Tomeos "El mayordomo miope" illustrieren: „Sería locura cantar victoria antes de hora y descuidar el control sobre esa gente."[36], wo deutlich wird, dass der Superintendente es für notwendig hält, die Bevölkerung auf der anderen Seite des Zauns zu kontrollieren. Ein Ungläubiger ist anders in einer Welt voller Gläubiger. Aber er wird erst zum Ketzer, zum Monster, wenn bspw. eine Institution dies behauptet. „Juan D. es por tanto

---

33 Vgl. Zirfas 2014:572

34 Tomeo (El mayordomo miope) 1990

35 Zirfas 2014:681

36 Tomeo (El mayordomo miope) 1990

un monstruo no solo porque se ha apartado de la norma, sino porque su anomalía ha entrado en comparación con el orden natural.“[37] Auch vorher kann seine Andersartigkeit negativ konnotiert worden sein, den Schritt ihn zum Monster zu deklarieren, scheint jedoch häufig machtpolitische Gründe zu haben. Das bringt Zirfas zum Ausdruck, als er schrieb: „Diese Produkte der jeweiligen Institutionen und Organisationen sollen diese am Leben erhalten und zudem ihre Macht noch steigern“[38] Anhand der Kurzgeschichte Tomeos lässt sich darüber hinaus illustrieren, dass die Ausgrenzung auch stattfinden kann um den eigenen Wohlstand bzw. Lebensraum zu sichern. „Vivimos abrumados por la vecindad de unos individuos que se reproducen   en proporción geométrica y que el día menos pensado pueden derribar la empalizada en busca de nuevos espacios vitales.“[39] Eine dieser Formen von Machtausübung kommt zum Vorschein, wenn die Andersartigkeit von jemandem immer wieder betont und hervorgehoben, sodass der Rest seiner Eigenschaften verschwindet. Und auch der betroffenen Person entgeht leicht, dass sie noch andere Fähigkeiten und Merkmale besitzt.[40] Während der Kurzsichtige unter seiner Behinderung leidet, da er glaubt, sie definiere ihn: „llorando que su profunda miopía le había convertido de hecho en un trasto inútil“[41], erkennt der Schielende seine Einschränkung als nur kleinen Teilaspekt seiner Person.

Allerdings geschieht die Ausgrenzung mancher Personen und das Nicht-tolerieren manchen Verhaltens nicht immer aus purer Boshaftigkeit oder um sich als Gruppe zu definieren, sondern um die Mitbürger von für sie schädlichem Verhalten abzuhalten. So kann die Abstempelung gewisser Verhaltensformen oft dazu dienen, die Struktur und Sicherheit innerhalb der Gesellschaft zu erhalten. Den Status Quo zu verlassen kann, oft zu Unruhen und Unfrieden unter denjenigen führen, die das Gefühl haben, durch die Neuerungen würden grundlegende Prinzipien gebrochen. Viele Grenzen wurden nicht gezogen, um Menschen zu diskriminieren, sondern geschahen aus guter Absicht heraus.[42] Als bemerkt wurde, dass der übermäßige Alkoholkonsum das Land zugrunde richten würde, wurde Alkohol im 19. Jhr. als

---

37 Gonzáles 2014:238

38 Zirfas 2014:678

39 Tomeo (El mayordomo miope) 1990

40 Vgl. Matza 1973:172

41 Tomeo (El miope y el bisco) 1990:9

42 Vgl. Matza 1973:170

Laster und Sünde betrachtet und wurde anders als die Drogengesetze bezüglich Marihuana und Kokain nicht als politisches Machtinstrument benutzt, sondern dazu, Wohl der Gesellschaft zu sichern. So wurden Alkoholiker als Kranke betrachtet, die der Hilfe bedürfen und potenziell gefährlich sind. Erwähnenswert ist hier die Beobachtung Stehrs, dass allerdings auch bei der Klassifikation eines Alkoholikers Machtspiele erkennbar sind. So ist die Vorherrschaft über die Definition des Problems von der Kirche in den Bereich der Medizin übergegangen.[43] Und auch, wenn wir in Filmen Monster mit gewissen Fehlbildungen kreieren, sollen den Zuschauern oft nur gewisse Grenzen der Wissenschaft und der Respekt vor selbiger vermittelt werden. Frankensteins Monster wurde nicht erdacht, um potenzielle Kreaturen derselben Art zu diskriminieren, sondern um uns zu warnen, welches Potenzial die Wissenschaft hat. Des Weiteren merkt Gonzáles an, dass Monster oft Personifikationen des Freudschen Es sind, vor der sich die Gesellschaft schützen muss, da sie nicht von niederen Trieben bestimmt sein sollte.[44] Ein anderer Grund, jemanden als Monster zu bezeichnen, kann die eigene Unsicherheit sein, die die gefühlte Notwendigkeit nach sich zieht, andere Personen als minder und fürchterlich zu bezeichnen, aus Angst die Grenze zwischen Außenseiter und Teil der Gemeinschaft sei notwendig, natürlich und könnte auf einen selber fallen. Natürlich wird häufig eine Person oder Gruppe als unnormal bezeichnet, um sich von selbigen zu distanzieren und es Einem erlaubt sich selbst als gesund zu betrachten. Die ist häufig das Resultat aus der Angst, auch Denormalisierungsangst, die Zugehörigkeit zu verlieren, auch in den Bereich der Unnormalen abzurutschen und von der Gesellschaft als Außenseiter betrachtet zu werden oder sogar Gewalt und Bestrafungen ausgesetzt zu werden.[45] Es stellt sich die Frage, ob wir Monster brauchen um uns perfekt oder auch nur normal zu fühlen. Um dies zu illustrieren, lässt sich gut die Kurzgeschichte „El mayordome miope" von Tomeo heranziehen. Schließlich versucht der Superintendente von seiner eigenen Unsicherheit abzulenken und die cabileños als Monster und Tiere darzustellen, obwohl er sich nach dem Leben zu sehnen scheint, dass sie führen. „No lo olvide, Rodolfo. Esos individuos hacen el amor con entusiasmo y, además, cantan a coro. Algunas noches de plenilunio, desde la azotea del edificio de la Superintendencia, les oigo cantar a lo lejos a cuatro voces, y le juro que todo

---

43 Vgl. Stehr 2013:193

44 Vgl. Gonzáles 2014:239

45 Link 1940:165

mi agnosticismo se tambalea."[46] Wir brauchen Monster also scheinbar, um uns selber normal zu fühlen, ohne die Angst selber eine nicht der Norm entsprechende Person zu sein. So ist es möglicherweise nicht die Angst vor dem Monster selbst, sondern dem potenziell Monströsen in uns bzw. der möglichen Ansteckung.[47] Wir erschaffen uns unsere Monster, die dann dadurch, dass sie auf die eine oder andere Art von den übrigen Menschen getrennt werden, noch eher geneigt sind abweichendes Verhalten an den Tag zu legen. „Son seres rechazados por la sociedad, y encuentran por tanto en el aislamiento la única forma de vida posible."[48] Ist es die Angst, jemand anderes könnte besser sein als man selbst und darum versucht man diese Person kleinzuhalten, die uns dazu bringt zu denken wie der Superintendente? „¿Sólo porque es usted poeta? ¿Es cierto que los poetas pertenecen a otra raza de hombres? ¿Son ustedes realmente mejores que nosotros?"[49] Daran kann man die Befürchtung des Superintendente erkennen, dass Poeten tatsächlich eine höhere Stellung einnehmen könnten, die er durch verstärkte Herabsetzung zu vermeiden versucht.

Wie lässt sich dies alles zusammenfassen?

Ich habe den Versuch unternommen zu verdeutlichen, dass Monster ihrer Natur nach unnatürlich und von der Norm abweichend sind. Darüber hinaus kommt es allerdings auf die Einstellung der Gesellschaft an, wie mit diesen andersartigen Wesen umgegangen wird. Da es immer Unterschiede geben wird, die notwendig sind, um unser Leben verständlich zu machen und zu ordnen, sollen wir nicht aufhören diese zu bekämpfen, sondern über sie reflektieren (denn auch nicht alles was anders ist, ist automatisch gut) und sie lieben lernen. Zu versuchen alle Menschen „normal" zu machen ist zum Scheitern verurteilt, da „die gesellschaftliche Herstellung von Normalität immer zugleich auch Abweichung produziert, indem neue Kategorien der Abweichung erzeugt werden."[50] Man kann und sollte also Tomeos Herangehensweise nutzen, eigene Unsicherheiten gegen eine offenere Haltung gegenüber allem unbekannten, allem seltsamen, möglicherweise furchteinflößendem einzutauschen.

---

46 Tomeo (El mayordomo miope) 1990

47 Link 1940:246

48 Gonzáles 2014:245

49 Tomeo (El mayordomo miope) 1990

50 Stehr 2013:194

14

Literaturverzeichnis

Becker, Howard Saul (1981), *Außenseiter. Zur Soziologie abweichendes Verhaltens.* Frankfurt am Main: Fischer-Taschenbuch-Verl.

Costa, Rosa (2009), „Fremde Wunder oder vertraute Fehler? Jakob Rufs Flugblatt zur Schaffhauser Wundergeburt im Spannungsfeld von Progidiendeutung und naturkundlicher Erklärung", in: G. Gebhard, O. Geisler, S. Schröter (Hg,), *Von Monstern und Menschen. Begegnungen der anderen Art in kulturwissenschaftlicher Perspektive.* Bielefeld: transcript Verlag, S. 69-89.

Gonzáles García, Francisco (2014): Un recorrido por los monstruos de Javier Tomeo. https://sso.uni-muenster.de/LearnWeb/learnweb2/pluginfile.php/1983400/mod_resource/content/1/Aufsatz%20zu%20Tomeo%2C%20Problemas%20oculares.pdf (Stand 26.08.2019)

Link, Jürgen (2006), *Versuch über den Normalismus. Wie Normalität produziert wird.* 3., erg., überarb. und neu gestaltete Aufl. Göttingen: Vandenhoeck & Ruprecht. Matza, David (1973), *Abweichendes Verhalten.Untersuchungen zur Genese abweichender Identität.* Heidelberg: Quelle und Meyer

Stehr, Johannes (2013), „Normalität und Abweichung", in: A. Scherr (Hg.), *Soziologische Basics. Eine Einführung für pädagogische und soziale Berufe.* Wiesbaden: Springer VS, S. 191-197.

Tomeo, Javier (1990), *El mayordomo miope.* Barcelona: Planeta

Tomeo, Javier (1990): Problemas oculares. El miope y el bizco" und "Los jugadores de ajedrez. Online unter: https://sso.uni-muenster.de/LearnWeb/learnweb2/blocks/visual_library/download.php?id=253458 (Stand:26.08.2019)

Zirfas, Prof. Dr. Jörg (2014), „Norm und Normalität", in: C. Wulf, J. Zirfas (Hg.), *Handbuch pädagogische Anthropologie.* Wiesbaden: Springer VS, S. 675-685.

Zirfas, Prof. Dr. Jörg (2014), „Identität", in: C. Wulf, J. Zirfas (Hg.), *Handbuch pädagogische Anthropologie.* Wiesbaden: Springer VS, S. 567-577.

BEI GRIN MACHT SICH IHR WISSEN BEZAHLT

- Wir veröffentlichen Ihre Hausarbeit,
  Bachelor- und Masterarbeit

- Ihr eigenes eBook und Buch -
  weltweit in allen wichtigen Shops

- Verdienen Sie an jedem Verkauf

Jetzt bei www.GRIN.com hochladen und kostenlos publizieren